AF322289

CONSEIL GÉNÉRAL

DÉPARTEMENT DE CONSTANTINE

Session d'Octobre 1893.

DISCOURS

Prononcé par

Monsieur **J. BERTAGNA**, Président

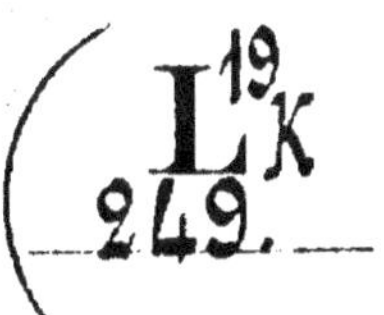

CONSEIL GÉNÉRAL

Séance du 4 Octobre 1893.

La séance est ouverte à deux heures et demie, sous la présidence de M. J. Bertagna.

M. Lehoult, secrétaire, donne lecture du procès-verbal qui est adopté sans modifications.

Aussitôt après cette lecture, M. le Président du Conseil Général prononce le discours qui suit :

DISCOURS DE M. J. BERTAGNA.

C'est la sixième fois que vos suffrages m'appellent au grand honneur de présider le Conseil Général de Constantine.

Je suis à la fois profondément touché et un peu confus de votre confiance. Ne pouvant l'attribuer à mes mérites personnels, je suis heureux d'y voir une preuve de la cordiale sympathie qui m'unit à mes collègues, sympathie qui résulte, non seulement de l'accord des caractères, mais aussi de notre sentiment commun sur le rôle de cette Assemblée, sur la conception de sa grande tâche et des moyens de s'en acquitter pour le bien public.

Depuis votre dernière session un événement politique considérable s'est accompli, donnant à la France une force nouvelle qui a singulièrement accru le prestige de notre chère Patrie.

Le pays, par une de ces manifestations souveraines qui font à la fois l'éloge de son patriotisme et de son bon sens, a déclaré qu'il voulait, non seulement conserver la République, mais la consolider, en éliminant les politiciens qui se servent d'elle au lieu de la servir; il a tenu à constituer une majorité de gouvernement résolue à lui procurer la paix intérieure par le travail et à montrer au monde ce qu'est un grand peuple, arrivé à la maturité politique, assagi par de cruelles épreuves dont il saura conjurer le retour, parce qu'il a pleine conscience de sa force.

Les partis extrêmes ont, une fois de plus, pratiqué sur le terrain électoral leur alliance plus monstrueuse en apparence qu'en réalité, mais leur coalition parlementaire n'est plus à redouter, car elle serait inoffensive; la Chambre compte plus de trois cents républicains progressistes, déterminés à aborder toutes les réformes utiles, tous les problèmes sociaux dont la solution s'impose pour le bien-être des travailleurs, pour l'amélioration des conditions d'existence des petits et des faibles, et je suis persuadé que cette législature réalisera les espérances des partisans de la politique des résultats.

Votre assemblée, Messieurs, donne depuis longtemps dans cet ordre d'idées un salutaire exemple, et je ne me lasse pas de rendre hommage à son patriotisme Quelles que soient les nuances de vos opinions politiques, vous savez les confondre dans un même amour de l'Algérie, dans un même dévouement aux intérêts départementaux dont vous avez la garde ; toutes les questions qui touchent à la prospérité de ce pays trouvent en vous à la fois des hommes d'étude et des hommes d'action, recherchant en dehors des discussions stériles et des rivalités personnelles, les voies et moyens pratiques des progrès à réaliser.

Parmi ces questions il en est une qui me préoccupe depuis longtemps parcequ'elle se présente à l'état d'un problème insoluble, je veux parler de la question indigène, qui a fait couler des flots d'encre, sans avancer d'un pas, nous devons le reconnaître avec contrition.

Et cependant, Messieurs, nous ne sommes pas, nous Algériens, les principaux coupables dans cette erreur persistante, dans ce piétinement chronique dont la responsabilité incombe aux solutionnistes de France qui veulent, du fond de leur cabinet, régenter ou assimiler l'Islam d'un trait de plume.

Le problème indigène ne peut être résolu ainsi. Il doit être traité de même que tous les problèmes scientifiques, comme un phénomène objectif dont il faut rechercher les lois naturelles par l'observation, source de la vraie science.

Celui qui vous parle est né en Algérie, où il compte déjà un demi-siècle d'existence, et il voudrait aujourd'hui soumettre à votre sagesse le résultat de ses études sur ce sujet de premier ordre pour le colon français.

Les solutionnistes d'outre - Méditerranée nous offrent l'option entre deux partis : refoulement ou assimilation des Arabes. L'un et l'autre sont déraisonnables et nous conduiraient à la plus profonde des déceptions.

Nous ne pouvons songer à refouler les Arabes ; ce procédé barbare peut être digne de la race anglo-saxonne mais il répugne à notre caractère national, et d'autre part, sur le terrain pratique, nous ne refoulerons jamais les Arabes, parce que nous avons besoin de leurs bras.

Ils sont les auxiliaires naturels de la colonisation. C'est principalement leur production qui entrelient l'activité de nos travailleurs, alimente le trafic de nos lignes de chemins de fer et fournit le fret de nos transports maritimes.

Les indigènes sont les collaborateurs tout indiqués de l'œuvre d'expansion nationale entreprise par la France sur cette terre d'Afrique. Il est inutile d'insister outre mesure sur cette vérité.

Quant à l'assimilation, elle ne peut avoir été imaginée que par ceux qui parlent des musulmans comme un aveugle des couleurs et qui ne connaissent rien de leur religion. On peut assimiler un peuple ayant un organisme politique, par une pénétration réciproque de deux civilisations, mais il est impossible d'assimiler une race émiettée, sans cohésion politique, sans nationalité, sans idée de patrie, n'ayant d'autre sentiment collectif que la foi religieuse, fanatique, irréductible.

Ne voulant et ne pouvant ni refouler ni assimiler les Arabes, comment résoudrez-vous le problème, va-t-on me dire ?

D'une façon bien simple, en le supprimant, comme une difficulté purement factice, que les Français se sont créée à plaisir en arrivant en Algérie.

C'est en effet, Messieurs, le travers du peuple français, quand il plante son drapeau dans une région nouvelle, de vouloir en transformer la population sur son propre patron : il s'impose je ne sais quelle tâche bizarre de palingénésie, et joue au créateur. Il en est cependant des races comme des faunes et des flores : elles se trouvent à leur place là où elles sont établies, selon une statique rationnelle, saisissable comme les lois de la nature.

Quand je parle de races, je ne les sépare pas des civilisations qui leur sont propres et qui peuvent être très rudimentaires à nos yeux, très différentes de la nôtre.

Depuis longtemps Taine a démontré la genèse

physiologique de la civilisation anglaise, si bien adaptée au sol où elle s'est formée qu'elle peut en être regardée comme un produit naturel.

Il en est de même de la civilisation arabe, de cet ensemble de mœurs et de croyances que nous n'entamerons jamais parce que vouloir le modifier serait commettre une véritable hérésie, un non sens économique et social, qui est d'ailleurs au-delà de nos forces.

Lorsque Mahomet, ce grand pasteur de peuples qui était un homme de génie, a lancé la masse de ses adeptes sur les terres qu'il leur a montrées du doigt comme un patrimoine à occuper, il savait bien qu'il ne les installait ni en Touraine ni en Normandie. C'était le pays de la soif qu'il leur donnait, n'en ayant pas de meilleur à sa disposition, un sol où la lutte pour la vie est plus âpre, plus décevante que sur les bords de la Loire, et force lui était de façonner ses hommes pour l'existence à laquelle ils étaient voués.

Elle ne leur permettait en Afrique ni les paisibles méditations d'un Sénèque, ni les ambitions de haut vol d'un Constantin, elle leur interdisait les longs espoirs et les vastes pensées. Il fallait disputer sa vie aux fauves et au siroco, ne bâtir nulle part parce qu'on pouvait être chassé de partout par les bêtes ou par la sécheresse, ne pas morceler le sol par la propriété individuelle, mais organiser l'exploitation pastorale en commun et la transhumance, n'avoir en matière de confort que des exigences *minima*, mépriser la mort, subir sans une plainte ses coups de faux et combler avec sérénité les vides qu'elle creuse.

Mahomet interdit alors à ses fidèles les angoissantes recherches de l'esprit, et il saisit toute cette population par les entrailles :

« Grattez la terre ici et là, leur dit-il, partout où
« vous trouverez de l'eau, le sol ne vous manquera

« jamais. Campez, mais ne bâtissez pas, car d'un mo-
« ment à l'autre il vous faudra transporter ailleurs
« vos troupeaux ; soyez sobres, car le vin ne vaut
« rien sous le soleil ; multipliez-vous par la poly-
« gamie, car la mort vous visitera souvent ; tous
« les accidents dont d'autres moins forts que vous
« se lamenteraient vous trouveront indifférents,
« muets devant la volonté de Dieu, et vous quitterez
« la vie avec bonheur, car je vous attends dans les
« délices de mon Paradis. »

La religion de l'Islam fut ainsi fondée, supprimant tous les problèmes troublants du libre arbitre
et soumettant ses adeptes à la doctrine du fatalisme, singulièrement commode dans la pratique de
la vie. Ce n'est pas ici le lieu de mettre l'Islamisme
en parallèle avec la religion chrétienne qui main-
tient notre conscience aux prises avec elle-même
et lui impose des devoirs toujours nouveaux, avec
des élans constants vers le vrai, le beau et le bien,
vers la perfection.

Bornons-nous à constater que les hommes façon-
nés dans le moule du fatalisme ne sont jamais
vaincus dans la lutte de l'existence, parce qu'ils
n'ont jamais conscience de leur défaite et que, ser-
viteurs passifs de la volonté divine, ils ne cherchent
rien en dehors des manifestations de cette volonté :
Mektoub !

N'essayez pas de comprimer l'Islam, c'est une
force incoercible, une doctrine qui devait séduire
par sa simplicité même les populations qu'elle a
asservies. N'essayez pas d'avantage d'imposer aux
Arabes vos coutumes, vos mœurs judiciaires, votre
mur mitoyen, vos licitations et tous les rouages de
votre procédure aussi compliquée que ruineuse.
Ils n'ont que faire de cet arsenal et de votre papier
timbré ; ce qu'ils veulent, ce qu'ils aiment, ce qui
leur convient, c'est la justice sommaire, expéditive,
serait-elle boiteuse. Ne soyez pas plus royalistes que

le roi, et ne prétendez pas faire leur bonheur malgré eux.

Il faut donc, messieurs, accepter la race arabe comme une vérité ethnologique qui a droit de cité sur terre, à côté des races chrétiennes et de la nôtre en Algérie.

Gardons-nous de mêler des querelles théologiques, des préoccupations confessionnelles à notre politique algérienne.

Cette politique est tout indiquée par la raison.

Nous sommes destinés à vivre avec les arabes, à utiliser leur capacité spéciale pour l'exploitation de ce pays, et notre premier devoir est de respecter sans arrière-pensée leur mœurs et leur religion, en bannissant de notre esprit et de notre programme toute idée d'assimilation.

Agir autrement serait plus qu'une faute, ce serait une maladresse.

Notre gouverneur général, M. Cambon, ne cesse de le répéter avec la hauteur de vues qui lui est habituelle, la France est, en Afrique, une grande puissance musulmane et elle ne doit jamais l'oublier.

Montrer notre force aux populations indigènes ne suffit pas, il faut aussi leur inspirer confiance, les pénétrer de cette idée qu'elle n'ont rien à craindre avec nous pour leur mœurs, leurs coutumes, dont nous reconnaissons, non seulement la raison d'être, mais la légitimité régionale.

Pour en finir avec cet ordre d'idées et démontrer aux yeux de nos détracteurs combien peu nous sommes arabophobes, je dirai que si l'arabe n'existait pas dans le désert, sur les Hauts-Plateaux, dans les plaines brûlantes du Tell, que l'on regarde trop en France comme un jardin, il faudrait l'inventer.

Est-ce à dire qu'il faille abdiquer devant les indigènes et ne pas leur faire sentir constamment le poids de l'autorité souveraine de la France ? Vous connaissez trop, messieurs, mes principes à ce sujet pour ne pas me dispenser de répondre. Les récents attentats dont nos colons ont été victimes, ont soulevé mon horreur comme la vôtre, en confirmant à mon sens la nécessité d'appliquer en matière de crimes commis par les Arabes le système de responsabilité collective que tous, sans exception, vous avez voté à plusieurs reprises. Il consisterait, en territoire de commune mixte, à s'assurer de la personne ou des biens des chefs indigènes tant qu'ils n'auraient pas livré le coupable ; ils le connaissent toujours, mais souvent lui assurent l'impunité au lieu de le remettre à la justice.

L'Arabe ne doit pas voir dans le Français un ennemi, mais il doit trouver en lui un gendarme vigilant, qui ne se paie pas de mots ou de faux-fuyants, qui ne veut pas être joué, et la crainte du gendarme est le commencement de la sagesse.

Ne nous le dissimulons pas, Messieurs, nous avons à faire avec les criminels indigènes à des individus d'un tempérament particulier Cette race habituée aux châtiments impitoyables des Turcs, se rit de nos peines qu'elle regarde presque comme des titres de noblesse. Vous voyez les comdamnés Arabes, retour de Cayenne, accueillis dans les douars comme de valeureux soldats sortant de campagne, choyés, félicités. Naguère, un de nos collègues musulmans, dont le fils, l'honorable M. Ben Badis, siège aujourd'hui au milieu de nous, justement indigné d'un pareil état de choses, proposait de rétablir la pénalité turque qui coupait aux voleurs la main gauche, et en cas de récidive la main droite... De tels châtiments répugnent à notre civilisation, mais à une situation exceptionnelle, il faut évidemment des mesures exceptionnelles, si l'on veut qu'elles soient efficaces, et je suis convaincu qu'on n'arrivera que par la responsabilité collective, sous telle ou telle forme, à établir en Algérie pour nos colons la sécurité relative qu'ils sont en droit d'exiger, sans toutefois pouvoir prétendre supprimer dans ce pays les attentats contre les biens ou les personnes qui se commettent partout.

Sur cette question de la sécurité nous ne cesserons à chacune de nos sessions d'élever la voix et de faire entendre nos pressantes et légitimes réclamations.

J'ai hâte maintenant, mes chers collègues, de vous convier à reprendre le cours de vos fructueux travaux dont le département attend avec impatience les résultats.

Parmi ceux qui vous tiennent le plus à cœur, vient en première ligne, la constitution de notre réseau départemental de voies ferrées. C'est la grande œuvre du conseil qui, grâce à votre persévérance, à votre ténacité, est entrée enfin dans la phase pratique.

Vous le savez depuis longtemps, les dépenses nécessitées par la création de voies ferrées, ne font plus reculer un économiste. Les routes constituent un moyen de transport à la fois insuffisant et onéreux, puisque en dehors du capital de construction elles demandent un entretien continuel ; elles ne peuvent servir que de chemins d'accès à la voie ferrée, seule capable de faire arriver nos produits sur les marchés et dans les ports à un prix voisin du coût de production. Les crédits que vous avez votés et voterez encore pour compléter et perfectionner l'outillage d'exploitation nécessaire aux producteurs seront des dépenses de père de famille qui ne tarderont pas à être profitables.

Vous le savez, Messieurs, c'est toujours pour la fin de son discours que le président d'une assemblée réserve ce qui tient le plus au cœur à ses collègues. Vous me saurez donc gré de ne pas avoir encore adressé à l'administrateur éminent qui vient de nous quitter vos adieux d'affectueuse estime.

Joignant à un esprit délié et pratique, d'une finesse de bon aloi, les qualités du caractère le plus aimable qui en faisaient un véritable charmeur, Monsieur Mengarduque n'avait au conseil que des amis, qui sont heureux du légitime avancement dû à son mérite, s'ils regrettent pour le département le départ d'un fonctionnaire profondément dévoué à nos intérèts régionaux.

Je ne saurais faire un plus bel éloge de son honorable successeur qu'en disant que sa réputation l'a précédé à Constantine et qu'il remplacera dignement Monsieur Mengarduque. Au nom du conseil général, je souhaite à Monsieur le préfet Ducos la plus cordiale bienvenue.

Nous devons aussi un adieu sympathique à Messieurs Cassiau et Louis Lavie que des motifs de santé ont éloignés du conseil : ils ont laissé au sein de cette Assemblée le souvenir d'hommes d'un commerce agréable et dont les lumières étaient précieuses. — Je suis heureux de saluer en votre nom nos nouveaux collègues, leurs successeurs, l'honorable Monsieur Renier, directeur du Syndicat des viticulteurs, et l'honorable Monsieur Dukers, président de la Chambre de Commerce de Constantine, qui viennent apporter au département le Concours de leur longue expérience des affaires agricoles et commerciales et de leur patriotisme éclairé. Leur éloge n'est plus à faire.

J'ai la douleur, en terminant, de déplorer la mort de notre vénéré collègue, Si Ahmed ben Sliman, dont nous avons tous apprécié les nobles qualités : c'était un vaillant et fidèle serviteur de la France, dont le zèle et le dévouement pour les intérèts algériens ne se sont jamais démentis.

Je termine, Messieurs. Il ne me reste qu'à vous remercier encore de l'insigne honneur que vous m'avez fait en m'appelant à présider à vos délibérations.

Continuons à travailler ensemble pour le grand bien de notre département et la prospérité de l'Algérie !

BONE. — Imprimerie Centrale, Cours National, en face le Square